THIS NOTEBOOK BELONGS TO:

••••••••••••••••••••••••••••••••

••••••••••••••••••••••••••••••••

Made in the USA
Columbia, SC
20 March 2022

57902815R00057

My
Kief
Notebook